Dieses Buch gehört:

_____

_____

_____

GITTA EDELMANN

Zendoodle für Kinder

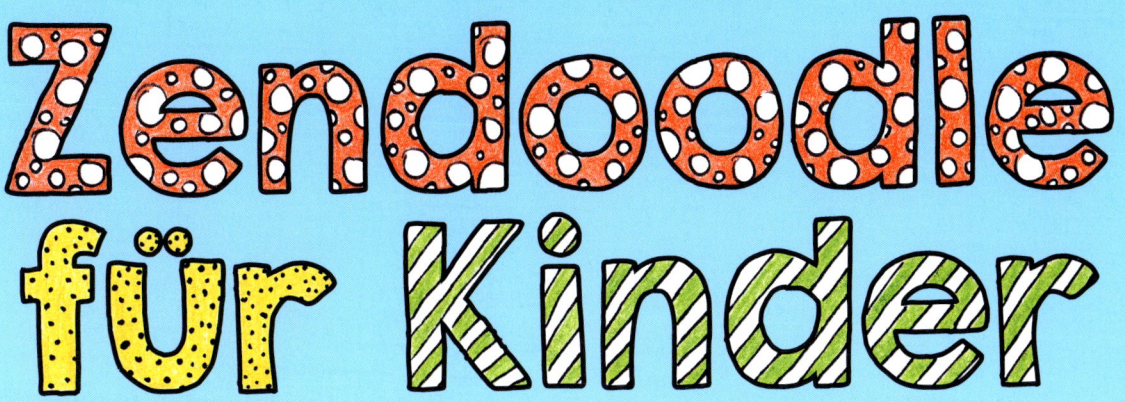

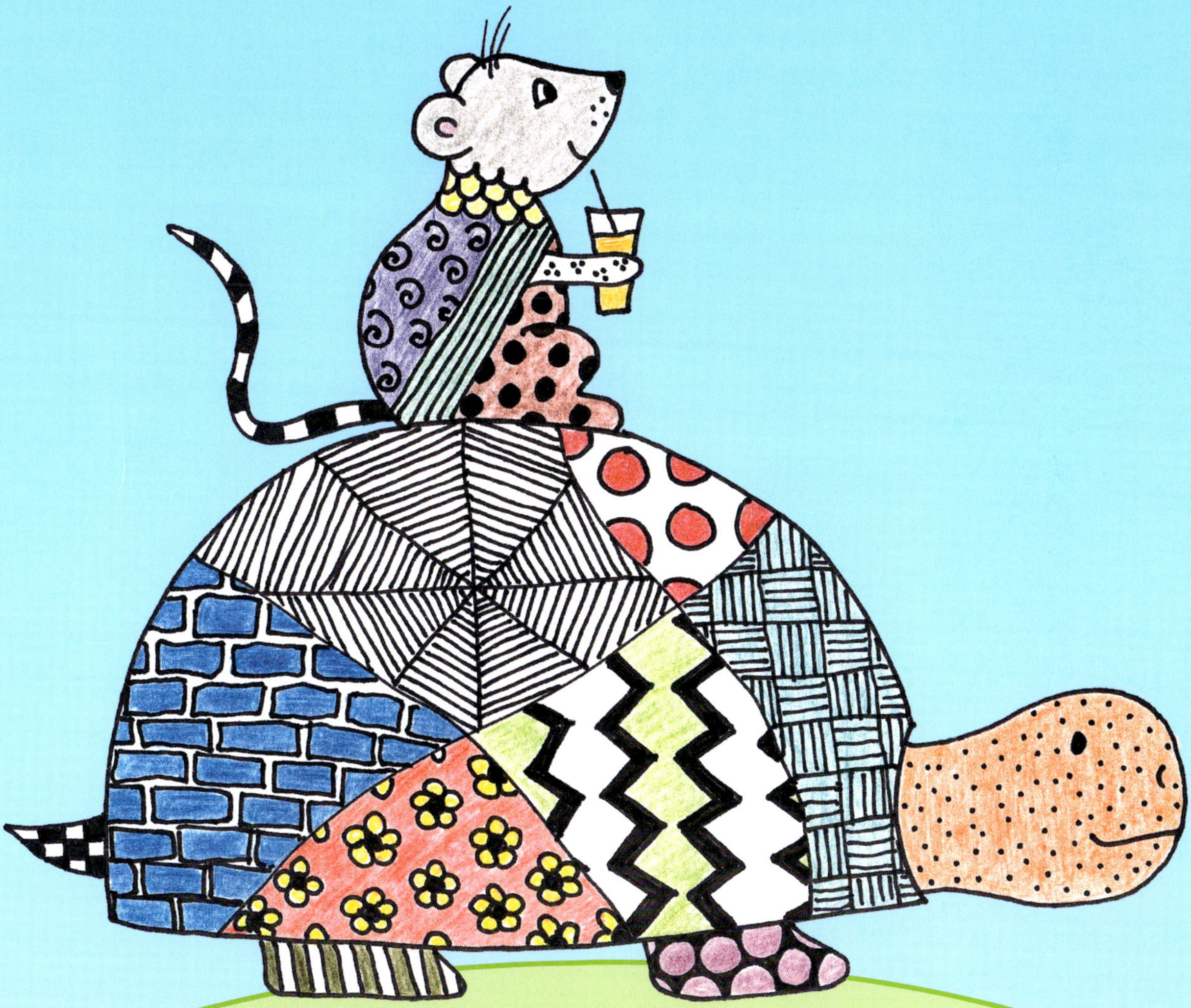

CV

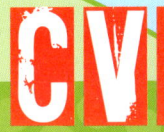

Widmung:
Für Anouk, Ben, Dian, Fabian, Inga, Jasmin, Johanna, Julian, Julius,
Juri, Karla, Lelia, Lion, Lola, Marie, Matti, Max, Mohammad, Nils, Paul,
Timucin, Vianne, Adalie, Carla, Christoph, Clara, Cordelia, Emil, Emilia,
Fiona, Friederike, Maxi, Hyun-Jin, Julius, Lars, Linn, Maurin, Max,
Moritz, Niki, Oskar, Ronja, Rosa, Séra, Sophie, Tobia, Tom und Viola
und für Gisela und Alexander

Autorin: Gitta Edelmann
Produktmanagement und Lektorat: Laura Lesum
Bildnachweis: Porträt auf Klappe © Gitta Edelmann
Layout und Litho: Michael Feuerer
Druck und Bindung: Neografia, Slowakei

ISBN: 978-3-86230-329-8
Art.-Nr. 30329
© 2015 Christophorus Verlag GmbH & Co. KG, Freiburg
Alle Rechte vorbehalten

Besuchen Sie uns auf unserer Website: www.christophorus-verlag.de

Inhaltsverzeichnis

Vorwort

Kennst du Milli und Matti?
Die beiden Mäuse sind auf der Suche
nach den schönsten Mustern.
Und du kannst ihnen dabei helfen,
indem du mitzeichnest.
Du wirst sehen,
es ist ganz einfach.
Milli und Matti freuen sich schon
auf deine Muster!

Tipps für Zendoodle

1. Zendoodle bedeutet Muster-Malen.
2. Zeichne mit einem schwarzen Fineliner auf weißes, glattes Papier.
3. Zeichne langsam. Dann kannst du die Linien genauer zeichnen.
4. Es gibt kein „richtig" oder „falsch". Alles ist gut, worauf du Lust hast!
5. Benutze kein Lineal. Zendoodle ist deshalb besonders schön, weil die Linien nicht ganz gerade sind.
6. Wenn du dich vermalt hast – kein Problem! Du kannst einfach weiterzeichnen und so tun, als hättest du das Muster so geplant. Oder du kannst das Feld kleiner machen und daneben ein anderes Muster setzen. Oder vielleicht passt es, an der Stelle das Muster ein bisschen zu ändern?
7. Wenn du die Felder anmalen möchtest, wird das besonders schön mit Buntstiften. Nimm am besten helle Farben oder male nur ganz leicht, damit man die schwarzen Linien des Musters noch gut sehen kann.

Milli und Matti auf der Suche nach den schönsten Mustern

Milli ist traurig.

Bald ist das große Fest der Tiere.

Da will sie natürlich schön sein.

Aber wie sieht sie aus?

Langweilig!

Weiß und langweilig!

Sie hat keine Farben.

Sie hat nicht einmal ein Muster.

Milli seufzt.

Ihr Bruder Matti schüttelt den Kopf.
„Seufzen bringt nichts", sagt er.
„Komm, wir gehen auf die Suche.
Wir finden sicher ein schönes Muster
und vielleicht sogar noch mehr!"

Milli und Matti treffen das Zebra.

„Du bist aber hübsch!", sagt Milli.

„Die Streifen gefallen mir.

Meinst du, sie stehen mir auch, Matti?"

Matti nickt.

„Klar, Streifen sind elegant!"

Das Zebra wiehert und grinst.

Plötzlich summt eine Biene um Millis Kopf.

„Ssss, und es gibt noch viel mehr

als nur Zebrastreifen!

Schau mal hier!"

Die Biene führt Milli und Matti

zu einem Koffer.

„Wie schön!", jubelt Milli.

„So viele Streifenmuster!"

Ein Tiger spaziert vorbei.
Milli und Matti zucken zusammen,
doch die große Katze beachtet
die Mäuse nicht.

Milli beginnt, Matti mit Streifen zu bemalen.
Puh, das ist anstrengend!
Kannst du ihr helfen?
Ja? Danke!
Dann kannst du dir ja auch gleich
einen eigenen Koffer voll Streifenmuster packen!
Viel Spaß!

Es ist heiß und Milli ist müde.
Sie will sich unter einen Farn setzen,
doch der Platz ist schon besetzt.
Ein Frosch blinzelt ihr entgegen.

„Schau, hier gibt's neue Muster!",
sagt Matti.
Er zeigt auf den Marienkäfer,
der auf dem Farnblatt sitzt
und auf einen Fliegenpilz.
„Punkte!", ruft Milli begeistert.
Milli und Matti packen
Punktemuster in ihren Koffer.
Dann essen sie noch
ein paar Brombeeren!
Mhm, lecker!

Im weichen, grünen Moos leuchtet es bunt:
blau, grün und lila.
Neugierig schleicht Milli näher.
„Ein Pfau!", ruft sie begeistert.
Der Pfau freut sich und schlägt ein Rad.
Die Pfauenaugen auf seinen Federn glänzen.
Nun ist er sogar noch schöner!

Matti malt Milli Streifen aufs Ohr.
Dann ist Milli dran.
„Möchtest du ein Radmuster
wie der Pfau?", fragt sie.
„Egal", sagt Matti.
„Groß oder klein?"
„Egal", sagt Matti.
„Alle Muster sind schön!"

Zeichne
mit!

Kannst du Milli und Matti weiter verzieren
und ihnen helfen,
noch mehr Muster einzupacken?

„Was bist denn du für ein Tier?"

Milli schaut neugierig von der Mauer herunter,

auf der sie und Matti sitzen.

„Ich bin eine Schildkröte", sagt die Schildkröte.

„Und was seid ihr?"

„Wir sind weiße Mäuse", sagt Matti.

Die Schildkröte schüttelt den Kopf.

„Ich habe schon weiße Mäuse gesehen", sagt sie.

„Die sehen anders aus.

Richtig weiß.

Aber ihr, ihr habt da ja Muster."

„Dann sind wir wohl Mustermäuse!",
freut sich Milli
und das Chamäleon freut sich mit.

Die Mäuse laufen weiter,
immer die Mauer entlang.
„So eine Mauer sieht auch hübsch aus", findet Milli.
„Mal sehen, was dahinter ist", sagt Matti
und schaut auf die andere Seite.

Da liegt ja ein Schachbrett!
Zwei schwarze Figuren stehen daneben.
Und da – da wächst eine seltsame Blume –
eine Schachbrettblume!
Dass es solch eine Blume gibt,
wusste Matti bisher nicht.
Milli bewundert all die neuen Muster.
„Aber das Schachbrett", sagt sie schließlich,
„ist das nicht schwierig zu zeichnen?"

Die Mäuse tüfteln ein bisschen herum,
dann haben sie herausgefunden,
wie man ein Schachbrett malt.
Kannst du das auch?
Oder zeichnest du lieber Mauern?
Probier es doch einfach mal aus!

Zeichne
mit!

„Man könnte auch Flecken zeichnen",
überlegt Matti
und beobachtet die Kühe auf der Weide.
„Oh ja", stimmt Milli zu.
Doch die Kühe interessieren sie nicht,
sie hat ein anderes Tier entdeckt!
Ein ganz großes!

Während Milli noch die Fleckenmuster zeichnet,
hört Matti ein lautes Schnarchen.
Er blickt nach oben.
Dort auf einem knorrigen Ast
schläft ein Leopard.
„Hübsch", flüstert Matti
und zeigt nach oben.
Milli nickt.
Der Leopard wacht auf, blinzelt kurz
und schläft dann weiter.

Warum rennen Milli und Matti so schnell?
Sogar ihren Musterkoffer
lassen sie einfach stehen.
„Hilfe!", ruft Milli.
„Ein wildes Ungeheuer!"
„Lauf!", keucht Matti.
„Eisbären sind sehr gefährlich!"
„Aber so wartet doch!",
ruft der Eisbär ihnen nach.
„Ich will euch nichts tun!"
„Versprochen?", fragen Milli und Matti
und bleiben stehen.
„Versprochen!"

Der Eisbär schnuppert am Musterkoffer.
„Meint ihr ..." Er zögert.
„Meint ihr, mir würde
so ein Muster auch stehen?",
fragt er schließlich.
„Ich bin immer nur weiß –
weiß und langweilig!"
Milli und Matti sehen sich an,
dann nicken sie.

Heute haben Milli und Matti
ganz besonders viel zu tun.
Hilf ihnen bitte beim Muster-Malen!

„Oh, was für hübsche Stacheln ihr habt!",
sagt Milli,
als sie zwei Igeln begegnet.
„Darf ich?"
Sie streichelt über die Igel-Stacheln.

„Au!", schreit sie
und zieht ihre Pfote weg.
Der große Igel lacht
und der kleine kichert.
Dann streichelt Milli die Igel noch einmal,
aber dieses Mal ganz ganz vorsichtig.

Milli will die Igel-Muster
in den Koffer packen.
Doch vor dem Koffer liegt eine Schlange.
Eine sehr lange Schlange.
Mit ihrer grünen Haut und den gelben Zacken
sieht sie gefährlich aus.
Aber die Schlange lächelt.
„Sssss", zischt sie.

Zeichne mit!

„Ich habe gehört, du suchst Muster.

Da habe ich dir ein paar in den Koffer gesteckt.

Gefallen sie dir?"

Milli nickt begeistert.

„Dann gefalle ich dir sicher auch", brummt eine Stimme.

Milli sieht sich um.

Ein Krokodil grinst sie an

und zeigt stolz seinen zackigen Schuppenpanzer.

Matti ist inzwischen weiter gegangen.
Er trifft auf eine dicke Kreuzspinne,
die gerade ein neues Netz spinnt.
Matti schaut ihr gerne zu.
Wie gut sie das kann!

Hinter einem Baumstumpf
treffen sich die Mäuse wieder.
„Schau mal – die Jahresringe!"
Matti freut sich,
doch Milli schaut lieber an,
wie viele verschiedene Muster
sie nun schon kennen.
Hm, welches wäre wohl am schönsten
für das Fest der Tiere?

„Das Spinnennetz ist ziemlich schwierig",
beklagt sich Milli.
Aber Matti hat die Spinne gut beobachtet
und weiß, wie es geht.
Eigentlich ist es ganz einfach.
Probier doch auch mal,
ein Netz im Koffer
hat Matti schon angefangen.

Zeichne
mit!

Milli ist es ziemlich heiß geworden.
Sie spaziert hinunter zum See
und lässt ihren Schwanz im Wasser baumeln.
„Hallo!", sagt der Fisch,
der gerade vorbeischwimmt.

„Du bist aber eine komische Maus.
Du bist nicht grau, nicht braun, nicht weiß,
du hast ganz seltsame Flecken."
Milli lächelt.
„Ich bin ja auch eine Mustermaus."
Eine Mustermaus hat der Fisch noch nie gesehen.
„Und du bist wohl ein Musterfisch", sagt Milli.
Der Fisch lacht.
„Wir Fische haben alle Schuppen.
Manche große, manche kleine.
Willst du auch ein paar?"

Doch zuerst malt Milli ihren Bruder an.

Tatsächlich – man kann ganz verschiedene
Schuppen zeichnen.

Und farbig anmalen kann man sie außerdem.

So schön blau wie der Fisch.

Oder rot oder grün.

Andere Muster passen auch dazu!

Die darfst du selbst bestimmen.

Inzwischen ist es Nacht geworden.
„Schau, all die funkelnden Sterne",
ruft Matti
und kullert begeistert über die Blumenwiese.
Milli lacht und packt die Sterne in den Koffer,
außerdem die kleinen Blumen,
die hier überall wachsen.
Dann erfindet sie noch andere Muster
mit Schneeflocken, Herzen und Punkten.
Schön!

Am Morgen ist es ziemlich windig.

Ein Drachen tanzt in der Luft.

Seine Schleifen flattern.

„Matti, schau!", ruft Milli.

Doch Matti schläft wohl irgendwo noch fest.

Stattdessen kommt ein Biber angelaufen

und hilft Milli,

Karos, Rauten und Dreiecke zu zeichnen.

Das ist gar nicht so schwierig.

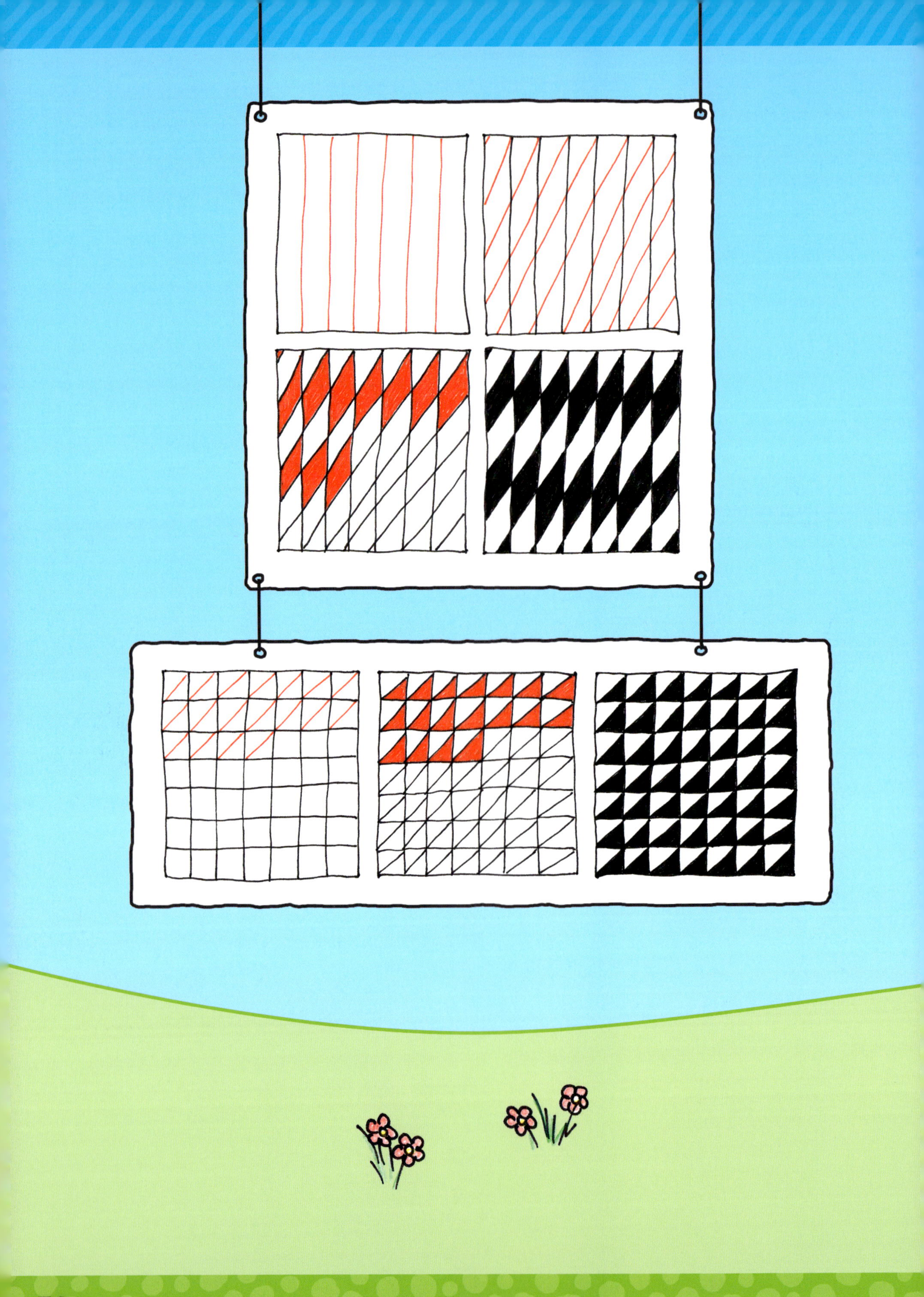

Kannst du das auch?
Dann verziere Milli und Matti
mit bunten Dreiecken und Rauten.
Viel Spaß beim Muster-Malen!

Zeichne mit!

Eine Schnecke mit ihren Kindern
ist schon am Morgen unterwegs.
Die Schneckenhäuser glänzen
wie frisch poliert.
Matti ist begeistert.

Probier doch selbst einmal Kringelmuster aus!
Oder fällt dir noch etwas ganz Anderes ein?

Milli freut sich,
wenn du sie auch gleich
mit Mustern verzierst.

Zeichne mit!

Die Kringel des Schafes
gefallen Milli besonders gut.

„Mhm, was riecht denn hier so lecker?", fragt Milli.

„Erdbeeren!"

Matti hat sie bereits entdeckt.

Dort drüben steht ein ganzer Korb

voller saftig-roter Erdbeeren.

„Ist dir schon einmal aufgefallen,

dass Erdbeeren Punkte haben?", fragt er.

Milli schüttelt den Kopf.

„Ich überlege gerade,

wie man ein Korb-Muster zeichnet", sagt sie.

„Dann soll ich die Erdbeeren alleine essen?",
fragt Matti.
„NEIN!", schreit Milli
und hilft Matti schnell,
den Korb leer zu essen.

Zeichne mit!

Tatsächlich – das Korb-Muster ist ganz einfach,
wenn man weiß wie, oder?
Welche Muster passen noch gut dazu?

„Wer hat wohl diese Feder verloren?",
wundert sich Matti.
Da ertönt ein lautes „Kikeriki!"
Der Hahn eilt herbei.
„Das ist meine", sagt er.
„Aber wenn ihr sie gebrauchen könnt,
nehmt sie ruhig mit!

Man erzählt schon überall,
dass ihr die schönsten Muster sucht.
Da helfe ich euch gerne
und meine Hühner auch."
Doch das Huhn, das ihn begleitet,
interessiert sich nicht
für Milli und Matti!

Zeichne mit!

Dieses Federmuster haben Milli und Matti
doch sehr schön gezeichnet, oder?
Der Eule gefällt es auf jeden Fall.
Hier kannst du es genau sehen
und selbst nachzeichnen.

Bald beginnt das Fest der Tiere.
Milli und Matti machen sich schön.
„Mir fehlt noch ein Muster",
sagt Matti, „ein ganz besonderes."
„Da weiß ich eins",
ruft der Schmetterling,
der gerade vorbei flattert.
„Das kenne ich von meinem Freund, dem Gürteltier!"
Und tatsächlich,
das Muster ist etwas ganz Besonderes!

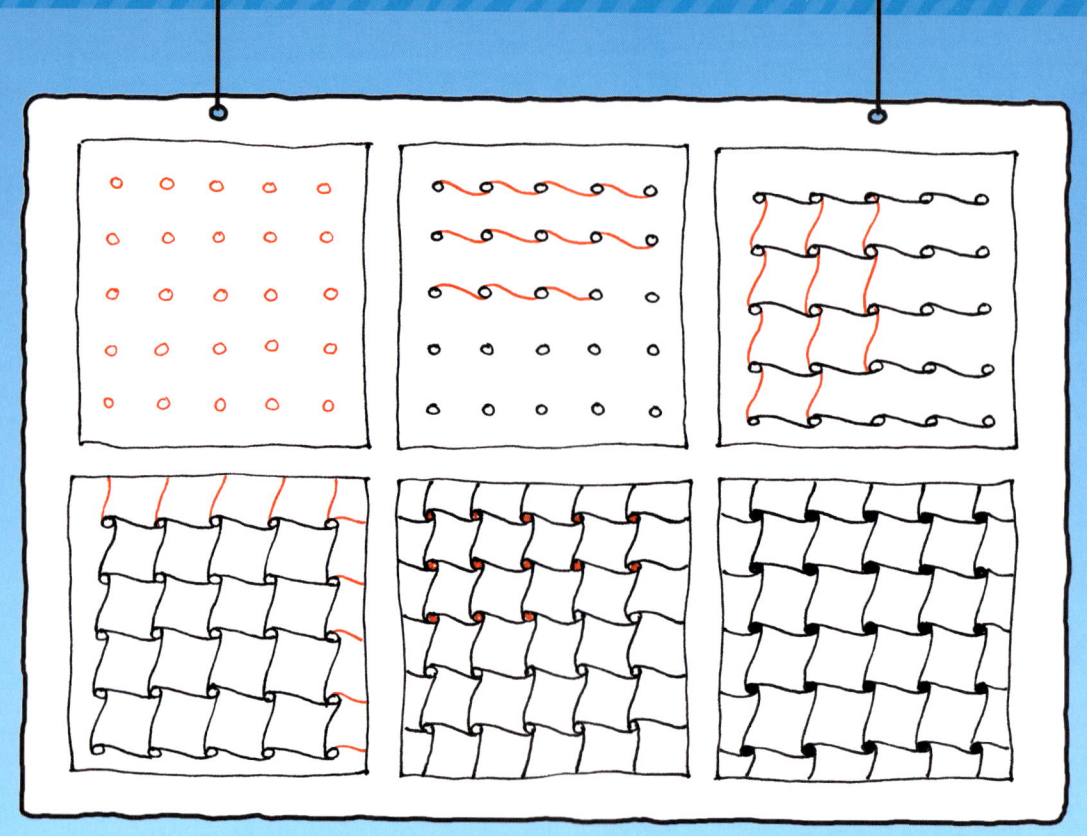

Dieses Muster ist ziemlich schwierig,
aber das Gürteltier und Milli und Matti helfen dir hier.

Dann gehen wir alle zusammen
zum Fest der Tiere!
Danke, dass du auf dem Weg dabei warst!

Fest der

Das Fest beginnt.
Alle haben sich besonders
schön gemacht!
Siehst du das leckere
Essen?

Tiere

Und hörst du die Musik?
Welches Tier gefällt dir
am besten?
Würdest du auch gerne
solche Muster tragen?

Vorlagen

Welche Vorlage gefällt dir am besten?
Du kannst sie einfach vergrößert kopieren
und mit Mustern ausfüllen.

Du kannst die Tiere auch auf farbiges Papier
kopieren lassen. Das sollte möglichst hell sein,
damit man deine Muster später gut erkennen kann.

Oder zeichne deine Muster in ganz andere Formen –
Quadrate, Herzen, Blumen oder Buchstaben.

Viel Spaß!